AF223107

Hans-Dieter Grabe

Die große Spinne ist nun tot

Gedichte und Notizen aus meinem Leben

Bibliografische Information der Deutschen Nationalbibliothek:
Die Deutsche Nationalbibliothek verzeichnet diese Publikation in der Deutschen
Nationalbibliografie; detaillierte bibliografische Daten sind im Internet über
http://dnb.dnb.de abrufbar.

© 2022 Hans-Dieter Grabe

Herstellung und Verlag: BoD – Books on Demand, Norderstedt

ISBN: 978-3-7568-4228-5

Für meine Frau Inger,
unsere Söhne Hans und Lars
und die Enkel Leon, Pauline,
Luisa, Jacob und Greta

Die große Spinne
ist nun tot.

Zwei Beine
bewegte sie noch
in der Nacht.

Nun ist sie tot.

Kurze Notizen, kleine Gedichte,

aufgeschrieben über Jahre mit keinem anderen Zweck, als einen Gedanken festzuhalten, eine Empfindung, ein Bild, ein Erlebnis.

Allmählich wuchsen die Häufchen von Zetteln, die meine Zeilen trugen. Bekam jemand mal das eine oder andere davon zu Gesicht, überraschten mich die Reaktionen, erfreuten mich die Bekenntnisse, von meinen Zeilen erreicht oder sogar berührt worden zu sein.

So entstand der Gedanke, das Geschriebene in einem Büchlein zusammenzufassen. Für Leserinnen und Leser, denen das Nachdenken über meine Zeilen vielleicht gefallen würde. Für mich selbst, der ich mich so daran erinnern könnte, dass eine tote Spinne meine Aufmerksamkeit und Anteilnahme genauso bekam, wie ein schwarzer Jazz-Klarinettist, der Jahre seines Lebens Baumwollballen hatte schleppen müssen im Hafen von New Orleans.

Besonderer Dank gilt meinem ehemaligen ZDF-Kollegen Bodo Witzke, ohne dessen Motivation und tatkräftige Unterstützung diese Veröffentlichung nicht zustande gekommen wäre.

Hans-Dieter Grabe

An George Lewis, New Orleans

Wir standen zu Deinen Füßen, sahen hinauf zu Dir,
hörten Dich grüßen Deine Heimat,
rufen Deine schwarzen Brüder mit Deiner Musik.

Entschuldige, George, wenn ich Dich gestört habe,
als ich Dich fotografierte.
Aber jetzt hängt Dein Bild bei mir an der Wand,
und ich sehe Dich spielen, höre Dich spielen
auf der Klarinette Deinen Burgundy-Street-Blues

mit Fingern weiß geworden unter den Seilen
der Baumwollballen auf Deinen Schultern,
mit Lippen blass von den
Qualen der Arbeit im Hafen,
spielen Deinen Burgundy-Street-Blues.

Juli 1959
Mit Studienfreunden
der Potsdamer Film-
hochschule im West-
berliner Sportpalast.

Gedicht vom Leben

Als deine Wunden grau wurden, Dresden,
und als dein schwacher Atem stank,
schien es, als würde dein Herz
nie mehr schlagen können.

Da kamen Männer,
die übriggeblieben waren,
zur ersten Hilfe
und stützten es –
deinen Hauptbahnhof –
mit Bäumen,
denen sie Wurzeln
und Äste abschlugen.

Und sie verlangten:
Ihr müsst aufhören,
Bäume zu sein!
Wir brauchen Säulen!
Und so wurden die Bäume
die ersten Säulen,
die sie errichteten.

Wer wenig später dort vorbeikam
und mal den Kopf wieder hob,
wenn sein Kreuz nicht zu schwer war,
sah aus Säulen grüne Zweige wachsen.

Denn es war Frühling.
Und das Leben ist stark.

1955

Marathonlauf

Ich sehe
den Marathonlauf
im Olympiafilm
der Leni Riefenstahl.

Ich sehe
Polizisten vor
Zuschauermassen -
nach drei Jahren
Übung
die besten
Hüter der Ordnung
der Welt.

Ich sehe
den Schatten
des japanischen Läufers
auf heißem Asphalt.
Der Schatten,
der zeigt:
hier verglühte
ein Mensch,
war noch nicht
gefilmt.

Ich sehe
die helfende
Krankenschwester.
Hat sie
den Einsatz,
der folgt, überlebt?

Ich sehe
Erschöpfte,
Zusammengebrochene
in den Armen
von Männern
mit Hakenkreuzbinden ...

7. Juli 1972
Film über die
Olympiade
1936 in Berlin.

Bitte

Nimm mich mit in deinen Regen.
Sage mir, dass du mich lieb hast.
In die Hand, die auf mein Haar fasst,
will ich meine Antwort legen.
Niemand auf der Straße wird es sehen,
denn die Schirme, die vorübergehen,
sehen nicht die Liebe im Regen.

September 1959

Heimkehr

Im Garten
die Fichten
sind nun tot

Heiß war
der Sommer
kein Regen fiel

Als endlich
nach Wochen
wir heimkehrten

Rieselten leise
von den Zweigen
grüne Nadeln

Unstillbar
auf uns herab
wie Tränen

September 1983

In Salzburg

Das Strahlen der Sonne,
wenn es regnet.
Die weiße Wärme ersten Schnees.
Dein Lächeln.

1. März 1989

Gleite in die Nebelwand

Gleite
in die Nebelwand
die graue
über Todesstreifen
die ich angstfrei
überschaue
rolle
schwebe
in die
dunkle
warme
Winterheimat
die ich scheu
umarme

29. November 1991
Reise nach Cottbus über
die ehemalige inner-
deutsche Grenze, zwei
Jahre nach dem Fall der
Mauer.

Hinter dem Tresen

Hat ein
Ostgesicht
Augen
die zuhören

Falten
um den Mund
von zwei Jahren
Lächeln

Leipzig
3. Dezember 1991

Julinacht

Schleppt sich
durch die
ausgeglühte Stadt
taumelt
in den Arm
der Julinacht
lebt noch
atmet noch
und sacht
sinkt ihr Kopf
der kein
Gesicht mehr hat

Frankfurt am Main
1. Juli 1992

Kaum dass die Sonne

Kaum, dass die Sonne zu sinken beginnt,
traure ich, weil der Tag verrinnt.

Bevor noch der erste Vogel erwacht,
traure ich um die sterbende Nacht.

1995

Im Zug

Im Zug
von Köln
über Brüssel
nach Paris
überrolle
in weichem Polster
mit rotem Bezug
ich
Schützengräben
und
Totenköpfe

2000
Kampfgebiete in den
beiden Weltkriegen.

Alte Meister

Aufrichten sollten sie mich,
die Alten Meister in Sempers Galerie.
Überwältigt jedoch vom Gesehenen
schleppe ich mich Stunden später
gebeugt nach draußen.

Dresden
Oktober 2003

1937

Wieder einmal
höre ich die
Nachrufe im
großen Saal der
Akademie der Künste.

Unaufhaltsam
nähern sich
die Geburtstage
der Gestorbenen
dem Jahr 1937.

1. November 2003

Brennende Scham

Es hören nicht
auf zu töten
die Überfallenen

Was habe ich dir
Kriegesmacht
übermächtige
nur getan
dass du
tagtäglich mich
erleiden lässt die
brennende Scham

Die emporquillt
aus dumpfer
Genugtuung über den
Tod deiner Söhne

17. November. 2003
Stellungnahme zu
letzten Kriegen der
USA.

Rotdorn

Splitternd löst sich
deine Haut
weggesprengte Hände
Stümpfe
Blätter
früh ergraut
weht hinweg
der Sommerwind

Rotdorn
bist der Einzige
auf dieser Welt
der noch lebt
und hier
mich sah
als Kind

14. Dezember 2003
Bomben zerstörten am
17. April 1945 in
Dresden unser Haus und
verletzten die Bäume
auf der Straße davor.

Saddam Hussein

Sechshundert jagten den Wolf,
zerrten ihn aus seinem Loch
und machten Bilder von ihm,

die allen Völkern zeigen sollten,
wie machtlos, feige und schwach
der Gewalttätige und Hinterhältige

sich den verfilzten Pelz lausen,
im Maul, dem wohl stinkenden,
sich herumstochern ließ.

Doch unbemerkt von den Lausenden und
Stochernden
blickte aus den schreiend
der Welt entgegengestreckten Bildern

plötzlich nicht mehr der struppige Wolf,
sondern ein müder
König der Tiere.

15. Dezember 2003
Nach Fernsehaufnahmen
der Festnahme des irakisch-
en Staatspräsidenten.

Tage gibt es

da muss ich mich fragen:
Was ist nur
mit den Menschen geschehen,
dass ohne Not sie
so freundlich sind?

29. April 2008

Über mein Krankenhauszimmer
und meine Mitbewohner

Als ich das Krankenhauszimmer bezog,
lebte hier nichts mehr.
Nichts flatterte.
Nichts krabbelte.

Kapseln mit Gift gegen Ameisen
zeigten, warum vor der Terrassentür
ihre Bauten aus Sand zwischen den
Waschbetonfliesen ausgestorben waren
wie Inkastädte.

Doch schon am zweiten Tag
wagte sich eine Fliege
in mein Zimmer.
Seit dem Dritten sitzt ein
kleiner, wundersamer Falter
auf dem Spiegel über dem
Waschbecken.

Gestern grüßte von der
Zimmerdecke sogar eine Spinne
zu mir herab mit zarten,
langen, schlanken Beinen.

Und heute - was für ein Tag!
Eine lebendige Ameise.
Vorsichtig tastet sie sich
über die Tür des Kleiderschranks.

Hier werde ich es
noch einige Zeit
aushalten können.

Juli 2009

Über das Abschiednehmen von den Tieren in meinem Krankenhauszimmer

Es heißt, ich wäre nun
gesund genug
und reise ab.

Lebt wohl, ihr Kleinen,
und macht nicht schlapp!
In diesem Sinne:
Auf Wiedersehen, schöne Spinne!
Auf Wiedersehen, kleiner Falter der Nacht!
Hast treulich meinen Schlaf bewacht.
Auf Wiedersehen, Ameise und Fliege!
Seid bitte nicht traurig,
wenn ich nicht mehr hier liege.

Aber nehmt euch in Acht!
Die nach mir hier wohnen –
werden auch sie euch verschonen?

Juli 2009

Klassentreffen

Kaum graue Haare.
Doch aus den Augen,
von Fältchen verziert,
blinzelt der Tod.

26. September 2008

Dreharbeiten auf dem Bauernhof

Schau ich den Kühen
durch meine Kamera zu,
werd ich fast selbst
zur Kuh.

Lerne wie sie zu stehen
und zu warten
in Bauer Tonis
Rindergarten .

Besonders, scheint mir,
mag mich Luise,
kommt morgens heim
von der taufrischen Wiese.

Erforscht mit graziler,
glänzender Zunge,
ob ich ein Mädchen bin
oder ein Junge.

Ob auf Film ich drehe
oder DV, nimmt Luise
nicht so genau.

Ihr wichtig ist nur,
wenn schon im Weg ich ihr stehe,
dass ich sie
gefälligst drehe.

So drehe ich dann also
meine Luise
im Kreis herum
auf ihrer Wiese.

Berchtesgaden
23. August 2009

Geselliges Beisammensein

Quatschen quatschen
ein Schluck Wein

glotzen glotzen
ein Schluck Wein

grinsen grinsen
ein Schluck

quatschen
glotzen
grinsen
furzen

wenn die Firma es bezahlt
schnell noch einen Kurzen

9. Juli 2009

Friedrichstraße

Die Ruinen
sind beseitigt,
die leeren, toten
Flächen auch.

Und stramm und steif
mit Hohlkreuz
recken sich
Gebäude.

Oh wie lebendig
waren doch einst
Ruinen und
Leere.

Berlin
11. September 2009

Am Käfig des
sterbenden Grünfinks

Mit der Pipette
ein Tröpfchen,
mit zwei Fingern
ein Korn.

Geht so ein Leben
zu Ende
oder beginnt es
von vorn?

Morgen lieg ich in Windeln,
Suppe schleimt durch den Schlauch.
Was ist noch wichtig?
Speiseröhre und Bauch.

Geht so ein Leben
zu Ende
oder beginnt es
von vorn?

Mit der Pipette
ein Tröpfchen,
mit zwei Fingern
ein Korn.

23. März 2010
Grünfink wurde
sechs Jahre alt.

Da liegt sie nun

Da liegt sie nun,
die Augen zu,
vor flimmerndem Bild.

Und ihr Gesicht
so jung, so jung.

Ich suche
ihren Atem.

Ich fühle
ihre Hand.

Sie schläft ja nur.
Sie schläft wohl nur.

April 2010

Warum meine Notizen so kurz sind

Ich kann's wie damals
in den Ohren hören:
"Schreib hundert mal:
Ich darf im Unterricht
nicht stören".

Ich kenne seitdem nur ein Ziel:
Wenn ich schon schreiben muss,
dann niemals viel.

10. April 2010

Heiligabend in der Wallfahrtskirche von Spabrücken

Wie soll ich mich
seiner Geburt erfreuen

wenn über mir
von der Decke herab
ich den Gequälten
hängen sehe
ans Kreuz genagelt
bei lebendigem Leib

wie soll ich mich
seiner Geburt erfreuen

15. April 2010

Hindukusch

Tage gibt es,
da muss ich mich fragen:

Wie viele afghanische
Menschenleben

wollen wir noch
für unsere Sicherheit geben?

25. April 2010
„Unsere Sicherheit
wird…auch am Hindu-
kusch verteidigt."
Verteidigungsminister
Peter Struck am
11. März 2004.

Klassentreffen 2010

Fuhren in überdachter Kalesche
im Regen durch Pücklers Landschaftspark,
vorbei an Sumpfzypresse,
Mammutbaum und Ahornesche.

Sprachen über Enkel und Neffen
(Klassentreffen),
über Waldemars Tumor,
nach Bestrahlung und Chemo
gut operierbar und klein.

Reginas Begräbnis,
wie sie es sich wünschte,
soll wunderbar gewesen sein.

Bad Muskau
August 2010

Fragen nach dem Besuch
bei einem Freund (1)

Wie viele Stunden
ununterbrechbaren Zuhörens
vermag ein gesunder Mensch
schadlos zu überstehen,

wenn selbst seine Bewunderung
für den Sprechenden
auf kaum hörbares Stöhnen
beschränkt bleiben muss?

22. August 2010

November 2010

In diesem Jahr entkleidet
der November die Bäume
sanft und nicht im Sturm.
Zitternd im leisen Wind
stehen sie vor mir,
flüstern mit einem Lächeln
ihrer nackten Zweige:
Bald sind wir wieder
für dich da.
Halt aus.

November 2010

Es zwitschern die Spatzen

Es zwitschern im
Winter die Spatzen
in den Büschen
am Steinplatz
als wäre es Frühling.
Wie fröhlich macht,
nicht allein zu sein.
Es zwitschern
die Kinder
in der Pizzeria
gegenüber dem
Filmkunstkino 66.
Wie fröhlich macht,
nicht ganz arm zu sein.

Berlin
Dezember 2010

Oma Inger

Enkelin Luisa wird getauft,
und viele Kindergartenkinder
halten ihre Hände
zum Schutz und Segen
über ihrem blonden Haar.
Da schleicht sich Enkel Leon,
der mit dem Down-Syndrom,
zum Rednerpult des Pfarrers.
Das Mikrophon am Pult
hat Leon schnell erkannt.
Er weiß schon viele
schlimme Wörter,
greift nach dem Mikrophon
mit ausgestreckter Hand.
Dann nimmt er's zart
in seine starken Finger,
und durch das backsteingotisch
hohe Kirchenschiff
erschall'n die Wörter,
die ihm einzig wichtig sind,
die beiden Wörter „Oma Inger".

Stralsund
6. März 2011

Hast du gesehen

Hast du gesehen:
die Buche, ihr Grün.

Hast du gesehen:
der Kater hinkt schon weniger.

Hast du gesehen:
endlich Regen.

Was für ein Tag!

13. April 2011

Ich sehe einen Film

Ich sehe in einen Film
von Kolbe und Wright
die Sprengung von Schornsteinen
eines vor langer Zeit
stillgelegten Kraftwerks.
In ihrem Stürzen,
langsam und erhobenen Hauptes,
quillt aus ihnen noch einmal
schwerer, dunkler Rauch.

Ich sehe vor mir
auf dem Hof des Nachbarn
das flatternd rennende Huhn
ohne Kopf.

Ich sehe vor mir
beim Tierarzt
unsere Katze Bärli
nach der letzten Spritze ihres Lebens
erleichtert zurückkriechen
in ihren Käfig,
hoffend auf Heimkehr
in das Zuhause
ihrer 19 Jahre.

25. Juni 2011

Das Ge

Dachte mal, ich schreib Gedichte,
ging das Ge verloren,
blieb dann nur noch Dichte.

Bin nun keine Gedichter mehr,
nur noch Dichter.

Oktober 2011

Unsere Katzen

Vollgesogenen Schwämmen gleich
fallen sie ins Haus,
stürzen mit überwältigender
Anhänglichkeit,
den Garten an Füßen und Fell,
auf Wörter erwartende
weiße Blätter.

Triefen und duften
nach Erde, Laub und Gras,
räkeln sich Liebe fordernd
und mehr.
Wohltuend gedämpft ist im Nu
der blendende Vorwurf
unbeschriebener Seiten.

10. Dezember 2011

21. Juni

Heute beginnt der Sommer.
Nur schwach noch singen,
vom Frühjahr ermattet, die Vögel,
und länger werden die Nächte.

Näher kommen wir
dem Anfang des Winters
und dem Längerwerden der Tage
und dem kraftvollen Singen der Vögel.

21. Juni 2012

Fragen nach dem Besuch
bei einem Freund (2)

Bin ich aus Angst,
ihn zu verletzen,
vielleicht geneigt,
ihn zu hoch
einzuschätzen?

Bin ich aus Angst
ihn zu hoch
einzuschätzen,
vielleicht geneigt,
ihn zu verletzen?

2012

Unsere Bäume

Kommen näher,
immer näher,
breiten ihre Arme,
strecken ihre Finger aus.

Nur ein Jahr,
nur ein Jahr,
und sie streicheln
und umarmen
unser ach so
überraschtes,
alt gewordenes
Fertighaus.

9. Juli 2012

Delphi 13 Uhr 45

Unerbittlich
das Licht der Sonne

Unterschlupf gewährend
Gesichtern voll Runzeln,
Falten und Einsamkeit

für 7 Euro
die Mittagsvorstellung

Berlin,
30. Juli 2012

Lindgrün und zart

Lindgrün und zart
mit durchsichtigen Flügeln,
zierlichen Beinen,
zitternd im Fahrtwind.
Anhalten könnte ich.
Den Scheibenwischer
betätigen könnte ich auch.

31. Juli 2012

Die Eintagsfliege

Was bleibt mir anderes
in meiner Schwäche,
als Vertrauen zu haben,
sagte erschöpft die
Eintagsfliege am Abend
auf meiner Hand.
Was bleibt uns anderes
in unserer Schwäche ...

August 2012

November 2012

Das Sterben des Sommers
liegt hinter uns.
Nur wenige Wochen,
und die Tage werden länger.
Im Nebel
schwellen die Knospen.
Unmerklich.
Aber wir wissen es.

Die Hühner meines Nachbarn

Fragte man ihn, wie viele Hühner er habe, lächelte er
verschmitzt in sich hinein.
In Anwesenheit seiner Frau vermied er die genaue,
vermutlich von Jahr zu Jahr steigende Zahl zu nennen.
Stattdessen meinte er bescheiden, das Zählen sei
schwierig bei dieser so zahlreich in seinem unüber-
sichtlichen Garten durcheinanderlaufenden Hühnerschar.

Als er beschlossen hatte, nicht mehr zu leben, gab er all
seine geliebten Hühner einem Nachbarn. Unversorgt
sollten sie keinesfalls sein. Und in ihrem Stall ihn hängen
sehen, sollten sie auch nicht.
Am Tage seines Sterbens geschah es, dass die Hälfte
der bei dem Nachbarn wohl versorgten Tiere ohne vorher
oder nachher erkennbare Zeichen von Krankheit tot
aufgefunden wurde.
Die Restlichen schlachtete man daraufhin sofort, bevor
auch diese sich durch ihr Sterben einer Verwertung
entziehen konnten.

6. Dezember 2012.

Botschaft Gottes

Am Tag vor dem Heiligen Abend
verlangt der Bundesinnenminister,
die Kirchen dürften nicht länger
den Krieg unserer Soldaten
in Afghanistan behindern.
Die Botschaft Gottes
in ihre Herzen legen,
das sollen sie.
Mit Gott für den Endsieg,
Herr Minister?

23. Dezember 2012

Nachbarhäuser

Im Dorf sterben die Nachbarn.
Häuser, in denen
so manches Glas, so manches Wort
ich genießen konnte,
schließen die Augen.
Aus dem Koma geweckt,
lächelt nach Jahren, geschminkt
und der Runzeln beraubt,
das eine oder andere von ihnen
verwundert mich an,
als hätte nie
es mich vorher gesehen.

28. Dezember 2012

Bildstörung

Vier Tannen ragten empor
wie die Türme eines gotischen Doms.
Dankten uns mit ihrem Wachsen
und ihrer Würde, dass wir sie
pflanzten und pflegten.

Wagemutige Waldarbeiter
klommen an ihnen empor
in luftige Höhen.
Tatkraft verkündete übers Land
das Lied ihrer Sägen.

Geschickt befreiten sie
mit entschlossenem Schnitt
großzügig bemessen
die Bäume von ihren Spitzen.

Bewundernswert, wie ihr Stürzen
im saftigen Gewicht
ihrer noch lebenden
Stämme, Äste und Zweige
nicht einen Kratzer zufügte
dem Zaun des Nachbarn.

Und frei von Störungen
durch Wipfel im Wind
bleibt nun die nächsten drei Jahre
sein Fernsehbild.

2013

Friedhofsspaziergang

Vom Grab meiner Eltern kommend
sah ich Alter den Alten
tief gebückt, dann auf Knien
vor dem noch hellen
kleinen Kreuz aus Holz

zupfend mit zitternder Hand
Halm für Halm ersten Unkrauts aus frischer Erde
unter der von Berchtesgadens Bergen
umklammerten, zu Tal gedrückten
schweren Schwüle des Nachmittags.

Gestützt auf lockerem Boden,
der seine Hand einsinken ließ,
verharrte er plötzlich bewegungslos.
Hatte er meine Schritte gehört?
Meinen Blick gespürt?

Oder war es vielleicht
die Stimme seiner verstorbenen Frau,
die herabblickend auf seinen
schweißnassen Rücken fragte:
Hast du auch genug getrunken?

9. August 2013

Stellungnahme zu
einem Märchen

Da klatschte die Königstochter
doch tatsächlich den Frosch
mit aller Kraft
und voller Abscheu
an die Wand.

Nur weil er neben ihr
in ihrem Bettlein schlafen wollte.

Doch wie überrascht war sie,
als dem zermatschten Frosch
ein junger Prinz entstieg,
dem die Arme fehlten
und ein Auge ausgelaufen war.

10. August 2013

Auf einem ganz bestimmten Seitenweg

Sie erkannten mich wieder,
obwohl ich sie nur einmal im Jahr besuche.
An ihrem Lächeln bemerke ich es.
Wir sprechen ja nicht miteinander.
Noch nicht.

So bleibt auch mir als Antwort
bisher nur ein Lächeln, welches sagt,
dass auch ich sie nicht vergessen habe,
mich freue, sie wiederzusehen,
ihr Lächeln wiederzusehen.

Aber wahrnehmen und verstehen
muss man es schon,
das Lächeln der Bäume
auf einem ganz bestimmten Seitenweg
der Rossfeldhöhenstraße.

12. August 2013

Frage im Herbst

Was soll die Traurigkeit?
Ich fliege nicht in den Süden,
teile mit dir den Winterschlaf,
was willst du noch mehr?

fragte der Nussbaum
vor meinem Fenster,
als der Herbst begann.

1. September 2013

Albertinum

Ging eben noch
an ihr vorbei
und dreh mich um.
Da, wo sie stand,
der Platz ist leer.
Wohin ich schau,
wohin ich geh,
ich seh' sie
nimmermehr.

Dresden
4. Oktober 2013

Für Willi

Ich sehe in das Gesicht
des afrikanischen Löwen
im Zoo von Dresden,
und ich denke an ihn.

Ich sehe in die Augen
des Mandrill,
und ich denke an ihn.

Ich sehe vor mir die Hand
mit der Schaufel voll Erde.
Unter Bäumen ein Loch.
Eine Kiste aus Holz.

6. Oktober 2013

Abschied

Grün, gelb und braun
nimmt er langsam Abschied
für den langen Schlaf im Stehen
wie ein schönes Pferd.

Weckt mich nicht zum
Weihnachtsfest.
Meine Geschenke für euch
habe ich schon ins Gras gelegt.
Teilt sie mit
Krähe, Elster und dem Hörnchen,
das, Gott weiß warum,
sich Nusshörnchen nicht
nennen will,

Bäume können sprechen.

21. Oktober 2013

Waldspaziergang im Oktober

Spätsommerwärme
und den taufrischen Atem der Erde
und den Duft feucht glänzender Blätter
auf Tannennadeln und Moos
wünschte ich mir in meinem Sarg.

Sein Holz frei von Gift,
dass nicht Schaden nehmen
die daran kratzen, nagen und bohren.
Waldmaus und Wurm,
ich erwarte euch.

Man braucht eben immer etwas,
auf das man sich freut.

Ende Oktober 2013

Novemberfragen

Über den Wolken
Novemberfragen:
„Wie lange noch
können die Flügel
uns tragen?"

Auf den
Novemberwiesen
fragen
die Kühe:
„Lohnt sich
die Mühe?"

Frieren,
Bäuche
aneinander reiben:
„Fliegen
oder bleiben?"

14. November 2013

Bei Burger King

Beeindruckt erblicke ich bei Burger King
im Neustädter Bahnhof von Dresden

die verbissen Beißenden,
die Stopfenden
und die Schlingenden,
die kämpferisch Kauenden,
die rücksichtslos Runterschluckenden,
die wütend Würgenden,
die verbissen Beißenden.

Vergeblich warte ich darauf, dass
zwischen die Kiefer, die malmenden,
glänzende Finger und triefende Hände
geraten und im Schlund,
dem unerbittlichen, versinken.

Erschrocken vermerke ich, wie
schnell mein Blick, der gierige,
verbissen werden kann.

25. Juni 2014

Herbstgedicht

Wind spielt in den Zweigen.
Es fallen die Nüsse.
Es fallen die Bomben.
Zur Zeit in Syrien,
zur Zeit im Irak.

Wir sammeln die Nüsse.
Es bücken sich Kinder.
Was sie berühren,
zerreißt ihre Hand,
zerreißt ihr Gesicht.

24. September 2014

Das nächste Klassentreffen

Lotti,
mit den zwei weißen Hunden,
Lothar,
der uns in Mathe half,
Regina,
die den Joachim geheiratet hat,
Krümel,
mit dem Tischler als Vater,
den wir Sargtischler nannten –

einundzwanzig minus vier,
gar nicht so schlecht
in unserem Alter.

28. Oktober 2014

Sekunden eines Festivals

Ich sehe einen Mann
durch Gitterstäbe berühren
mit seinem Finger
die Hand eines Affen.

Den Finger des Mannes
auf seiner Hand
betrachtet der Affe
verwundert und nachdenklich.

Ich sehe den Mann
durch Gitterstäbe berühren
mit seinem Finger
den Fuß eines Kakadus.

Den Finger des Mannes
auf seinem Fuß
betrachtet der Kakadu
verwundert und nachdenklich.

Was für ein Festival!

Duisburg
8. November 2014
Film: „Riding my
Tiger"

Die Blätter fallen

Lassen ihre Blätter fallen.
Blinzeln mich an,
zwinkern mir zu.

Und schon höre ich sie flüstern:
„Wenn du morgen hier vorbeikommst,
oder übermorgen
oder überübermorgen,
zeigen wir uns dir,
wenn uns danach zumute ist,
ganz ohne Blätter.
Staunen wirst du, staunen.

Wie das im vorigen Jahr war,
wirst du ja wohl,
so alt wie du inzwischen bist,
vergessen haben."

2014

Novemberbäume

Entkleidet schließen erschöpft
von den Mühen
des Frühjahrs und Sommers
sie die Augen.

Und nicht befürchten muss ich,
sie verlegen zu machen
durch meinen unverwandten Blick
auf ihre bloßgelegte Schönheit.

10. November 2014

Berchtesgaden im Januar

Schneeflocken auf den Gräbern
machen Kreuze und Steine lächeln.
Eingehüllt zu ihren Füßen
die betenden Engel unhörbar.

In Leichenbergen verabschieden
duftend auf den Plätzen sich
abgeschmückte Tannenbäume,
die keiner mehr braucht.

Im Stall vor meinem Fenster
bereitet am prallen Euter der Mutter
noch schwankend auf seine Bestimmung sich vor
das neugeborene Kalb.

8. Januar 2015

Trost der Bäume

„Wer möchte leben
ohne den Trost der Bäume?"
fragen Worte mich
von Günter Eich
an der Hauswand
hinter den Gleisen
des S-Bahnhofs Savignyplatz.

Auf meinen Spaziergängen
im Hunsrück
sehe ich sie liegen
kreuz und quer
von Mammutmaschinen
zu Boden gerissen,
zerstückelt, zerfetzt, zermalmt
im Morast
zerwühlter Wege.

Könnten sie schreien,
zerplatzen würden
unsere Trommelfelle.

„Wer möchte leben
ohne den Trost der Bäume?"
steht an der Hauswand
hinter den Gleisen
des S-Bahnhofs Savignyplatz.

Wer tröstet die Bäume?

Berlin
17. April 2015

Ute

Den Gruß der Tannen
und Berge dankbar genießend
begegnen meine Augen
unweit des Grabes meiner Eltern
dir.

Geboren am 15. Juli 1947.
Gestorben am 18. September 1947.
Morgen hättest du –
zehn Jahre jünger als ich –
deinen 68. Geburtstag gefeiert.

Mit deinen Kindern?
Deinen Enkelkindern?
Mit Blumen von dir gelegt
auf das Grab deiner Eltern?

Wovor hat Gott dich bewahren wollen?
So schnell?
Dich und deine Eltern?
Vor welchem Leid?
Vor welchen Fehlern?

Nicht mehr allein,
verlasse ich den Waldfriedhof.

Berchtesgaden
14.Juli 2015

In München am 11. Januar 2015

Sturm treibt die Flocken durch die Maffeistraße
und ein paar Gäste ins geschrumpfte Kreutzkamm-Café:

In die Jahre Gekommene und alternde Pärchen,
auch mal eine Mutter mit gebeugtem Sohn.

Leise sprechen sie hier, sogar die Franzosen,
von der Demo „Je suis Charlie" an der Feldherrenhalle.

Und leise lächelnd bedient seit Jahren die junge
dunkelhaarige Frau mit dem exotischen Namen an der
rumänischen Brust.

München,
11. Januar 2015
„Je suis Charlie" war
eine Solidaritäts-
bekundung mit der
französischen Satire-
Zeitschrift „Charlie
Hebdo", auf die am
7. Januar 2015 ein
islamistischer Anschlag
verübt worden war.

Nach dem großen Regen

Murmelnd, zwitschernd, summend, singend
tanzen nie zuvor gesehene Bäche
durch den Wald und über Wege.

Mühsam ihnen auszuweichen
oder sie zu überspringen.

Doch wie lustvoll für mich Alten,
mich dabei an Stämmen, Zweigen
keuchend, schwitzend festzuhalten.

Februar 2016

Wie oft wohl noch?

Wie oft werde ich es noch erleben, dass
der Rhododendron vor meinem Fenster
jubelnd mich begrüßt mit den Strahlen
seiner Blüten, Herbst und Winter über
aufbewahrt in ungeduldigen Knospen?

Wie oft werde ich es noch erleben, dass
die Spinne, erwacht aus ihrem Winterschlaf,
den Weg in den Garten vergeblich sucht
und ängstlich ich in zitternder Hand zum
Busch vor unserer Haustür sie trage,
ihren Dank, den nicht hörbaren, fühlend
im Herzen?

Wie oft werde ich es noch erleben, dass
unser Nussbaum, der Freigiebige,
die Explosion seiner Knospen lebenserfahren
hinauszuzögern versteht und dann doch noch
zur Überraschung allen Grüns um ihn herum
seine Blätter entrollt zu unerwarteter Größe?

Wie oft wohl noch?

17. März 2016

Wie viele Tode werde ich noch
erleben?

Imre Kertész,
Hans-Dietrich Genscher
und im Dorf unsere Nachbarn.

Ihre Häuser
schließen die Augen,
eins nach dem andern.

Ich muss zum Tierarzt
mit Kauzi,
unserer alten Katze.

1. April 2016

Frau K.

Ich fülle das Wasser nach
im Krug, aus dem sie trank,
nehme den Korb in die Hand,
in dem ich sie durchs Haus
getragen habe, frage täglich:
„Trinken wie Kaffee bei Kauzi?"

Wenn ich sie jetzt ausgraben würde,
wie sähe ihr kleiner Körper aus?
Das Fell, das langhaarige,
waldkauzhaft gefärbte,
immer noch streichelbar?

Wir sprechen von ihr,
sagen nur „Frau K.",
damit sich Findus,
der vor zehn Jahren
Gefundene, Übriggebliebene
nicht auf die Suche macht.

10. Juli 2016

Herbstahnung

Schon haucht der Herbst auf grüne Blätter.
Ich ahne es vielmehr, als dass ich es bemerke.
Noch ist August.

Ich weiß, bald werde ich im Wald die neuen
Knospen suchen, sie findend im November
mich auf den Frühling freuen.

Mich auf den Frühling freuen.

August 2016

Freundlichkeit

„Der Busfahrer war heute
überaus freundlich zu mir".

„Jemand hat mir zurückgelächelt,
und wir waren beide glücklich".

Eintragungen vom
20. und 21. August 2016
in der Kirche „St. Peter
und Johannes der
Täufer" in Berchtes-
gaden

An ein totes Kind

Am Grab meiner Eltern war ich wieder.
Wie oft wird dieser Gang mir wohl noch möglich sein?
Und wie magnetisch angezogen, stand ich,
wie vor einem Jahr, an deinem und an deiner Eltern Stein.

Ute, du kleines, kleines Kind,
zwei Monate und drei Tage nur warst du auf dieser Welt.
Zur Freude deiner Eltern oder nur zu ihrem Schmerz?
Und liegen Schmerz und Freude nicht oft eng beieinander?

Dein Vater starb, und deine Mutter lebte noch 22 Jahre
weiter.
Allein? Wer sorgte da für sie, die 90jährig starb?
Ein Sohn, dein Bruder? Eine zweite Tochter?
Schwiegertochter, Schwiegersohn? Ein Enkelkind?

67 Jahre wärst du alt gewesen, als deine Mutter starb.
Ob sie vielleicht, vor ihrem Tod, noch einmal an dich
dachte?

Berchtesgaden,
22. August 2016

Wo ich mal wohnte

Ich könnte die Klinke berühren
der verschlossen blickenden Haustür.
Ich berühre sie nicht.

Ich könnte die drei Platanen berühren,
die mich haben spielen sehen als Kind.
Ich berühre sie nicht.

Ich könnte auf die Eiche steigen,
gäbe es, wo an ihrem Stamm
die runden Narben wie Augen
auf mich starren, die Äste noch,
die mich trugen als Kind.

Ich könnte die rote Mauer dann sehen,
die den Schlachthof umgab,
aus dem bis in unsere Wohnung hinein
das Schreien der Kühe quoll.
Ich dachte an Rinderbraten.

Ich könnte auf die Bank mich setzen
unter der Eiche, die drei Platanen betrachten
und das Haus, in dem ich zehn Jahre wohnte.
Ich könnte glauben,
dass ich glücklich bin.

Cottbus
24. April 2017
Hier wohnte ich mit
meinen Eltern von
meinem 8. bis 18.
Lebensjahr.

Zugewachsene Wege

Zugewachsen meine Wege im Wald.
Niemand geht hier mehr.

Noch immer steht das Haus,
in dem ich nun seit 45 Jahren wohne.

Den Schlüssel fühle ich
in meiner Hand.

Und fühle Fremde in der Tür,
der meinen, die mich fragen:

Was suchen Sie in unserem Haus?
Was kann ich sagen?

3. April 2017

Augenblicke

Vorbeifährt unser Zug an grünen Wiesen,
auf denen Kühe stehen. Ich denke nicht
an Gülle, nicht an Schlachthofschreie.
Ich denke nur, wenn ich vorüberrasend
auf sie sehe, an ihre Augen und vergehe.

14. Juni 2017
Für meine Enkelin Luisa
zu ihrem 11. Geburtstag.

Was mir vom Klassentreffen blieb

Die kluge Zärtlichkeit Christinas
gegenüber ihrem Wilfried.
Die kritische Vertrautheit Gertruds
mit ihrem Waldemar
und die Fahrt mit ihnen
im Octavia zu den Gräbern.
Die strahlende Sicherheit Jochens,
der uns sein Gedicht vorlas
über die Arbeit als Straßenbahnfahrer
zwischen Schulzeit und Studium.
Die hilfreiche Lebendigkeit von Ursel,
die mit dem Lachen einfach nicht aufhören kann,
trotz der Warnung unseres Klassenlehrers,
dass Lachen Falten bringt.
Die leuchtenden Augen von Helmut
nach überstandener sechster Chemo.

Cottbus
24. September 2017
Klasse 12 a, Abitur
1955, 6. Oberschule
Cottbus.

Letzte Blätter

Der Sturm zerrt
an den letzten Blättern
des Nussbaums vor
meinem Fenster.

Sie sträuben sich,
klammern sich an die Zweige,
die ihnen einen Sommer lang
Bleiberecht gewährten.

Wollen nicht fallen.
Wollen bleiben.
Für wen?
Für mich?

29. Oktober 2017

Allerletzte Blätter

Heute kann ich sie zählen.
Keins wie das andere.

Mir am nächsten ein Glänzendes
in der Sonne des Morgens.

Kleine Tropfen.
Tau oder Tränen?

4. November 2017

Ich fahre nicht mehr

Ich fahre nicht mehr
nach Kuwait, nicht nach
Hiroshima und Istanbul,
und auch nicht mehr
nach Tel Aviv,
nach Auschwitz und Da Nang.

Doch wenn ich morgen
in den Garten gehe,
finde ich vielleicht
ein zartes, unbewohntes
Schneckenhaus, duftend
nach feuchtem Moos.

15. November 2017
Meine Arbeit als
Dokumentarfilm-
regisseur für das
Fernsehen brachte
mich in viele Länder.

Erinnerungen

Wieder habe ich
ihre Haut berührt,
die Haut der drei
übriggebliebenen
Platanen.

Wieder habe ich
auf die Fenster geblickt,
von denen aus
mein Kinderauge sie umarmte,
als sie noch fünf waren.

Wieder habe ich
auf die Haustür gestarrt,
die heute verriegelte,
durch die der Postbote
die Briefe noch zu den
Wohnungstüren trug.

Wieder habe ich
vor dem Haus
den neuen Briefkasten im Blick,
der meinen Namen
niemals tragen wird.

Cottbus
22. Dezember 2017
Hier wohnte ich mit
meinen Eltern von 1946
bis 1955

Auf den Bahnsteigen

Wenn auf den Bahnsteigen
ich wartend stehe, sind sie es,
die mich wärmen

mit ihrer Lebendigkeit
in den freundlichen Farben
ihrer Federn,

beständig suchend
meine Nähe
hoffnungsvoll,

nie übelnehmend, wenn
wohl eine Stunde lang
ich sie enttäusche.

22. Dezember 2017

Silvesterfeier

Krieg auf den Straßen
in den Gärten
auf den Balkons
über den Dächern

Zitternd sitzen
im Keller die Katzen
wie ich 1945
in Dresden

1. Januar 2018

Taste of Cement

Ich sehe in der Nacht die DVD
des Dokumentarfilms „Taste of Cement"
auf meinem Fernsehschirm.
Ich sehe Trümmer, Flammen und Rauch
in umkämpften syrischen Städten.
Ich sehe auf meinem Fernsehschirm
das Spiegelbild unseres Wohnzimmers.
Ich sehe unser Wohnzimmer
in Trümmern, Flammen und Rauch.

12. März 2018

Sehr geehrte Fahrgäste

„Sehr geehrte Fahrgäste ...
die Obdachlosenzeitung MOZ ...
Sehr geehrte Fahrgäste ...
oder eine kleine Spende ...
Sehr geehrte Fahrgäste ..."
Niemand reagiert.

Eine junge Frau
greift nach ihrem Portmonee,
„... Sehr geehrte Fahrgäste ..."
Die junge Frau erwartet den Verkäufer
„... Sehr geehrte Fahrgäste ...
... oder eine kleine Spende."

Der Verkäufer geht an ihr vorbei.
„... Sehr geehrte Fahrgäste ..."
Sieht nicht ihr Gesicht,
sieht nicht ihre Hand.
„... Sehr geehrte Fahrgäste ..."

Sieht nicht ihr Gesicht.

Berlin
19. März 2018
· In einer S-Bahn.

Alte Bekannte

Im Saal 11a
der Neuen Pinakothek
in München
treffe ich
Carl Spitzweg,
in dessen Gasse
ich mal wohnte.
Spitzweggasse Nummer 5.

In hohen Zimmern
Studenten.
Unverschlossen
Tür und Tore.
Begehbar für alle
der Weg durch
den großen Garten
zur Karl-Marx-Straße.
Filmhochschule.

Bin wieder dort.
Renoviert die alte Villa.
Gepflegt der Garten.
Tür und Tore
fest verschlossen.
Studenten keine.

Im 9. Saal
der Neuen Pinakothek
treffe ich Carl Blechen,
in dessen Schule
ich mal ging.
Carl-Blechen-Schule.

Bin wieder dort.
Blitzblank die Fassade.
Ausgehöhlt das Haus.
Keine Schüler,
keine Lehrer.
Einkaufszentrum.

10. Juli 2018
Spitzweg und Blechen -
deutsche Maler

Enkelkinder

Wachsen an uns vorbei.
Und die Jahre blasen
die Erinnerung wie
Staub aus meinem Hirn.

Wachsen an uns vorbei.
Hier und da ein
Prinzessinnenkleidchen,
das keine mehr anzieht,
ein Bär, mit dem
keiner mehr schmust,
eine Krakelei auf
der Tapete in
Omas Zimmer.

Wachsen an uns vorbei.
Heute Morgen ganz früh
für ein Jahr
nach Florida:
Pauline, 15.
Auf You Tube
bleiben uns ihre Lieder.

Aber einer wächst nicht
an uns vorbei.
Einer der Fünf
wächst nicht mehr
an uns vorbei
und irgendwohin.
Bleibt noch eine Weile,
wo er ist,
wie er ist:
Leon, 19,
mit dem Down-Syndrom.

5. August 2018

Leon

Leon, unser Enkel
mit dem Down-Syndrom,
kommt zu Besuch.
Das wird wieder
eine anstrengende Woche.

Hören will er
jeden Abend von mir
vor dem Einschlafen
ein neu geschriebenes
Gedicht.

21. März 2018

Guten Morgen

Er schaut mir zu, wenn ich schreibe.
Er schaut mir zu, wenn ich nichts tue.
Er schaut mir zu, wenn ich nur
aus dem Fenster auf den Garten blicke
und auf ihn, den nahe Gekommenen.

Ein Leichtes wäre es für ihn, mit seinen
starken Ästen die Scheibe einzudrücken
zwischen mir und ihm.
Streckt mir entgegen seine Geschenke,
fest verpackt noch in grüner Schale.

Winkt mir zu mit seinen großen Blättern:
"Guten Morgen, mein Freund!"
"Guten Morgen, mein Freund!"

7. August 2018

Meine Ameisen

Kann sie doch nicht enttäuschen.

Wollte den zweiten Weg nehmen nach rechts.
Nehme nun doch den Vierten.
Kann sie doch nicht enttäuschen.

Drei Hügel nebeneinander, zwei kleine, ein großer,
an einen Fichtenstamm geschmiegt.
Kann sie doch nicht enttäuschen.

Sind doch gewohnt, dass ich bei ihnen stehe,
neugierig, gebeugt und staune.
Kann sie doch nicht enttäuschen.

24. August 2018

20. September 2018

Der Sommer
geht.
Es kommt
die Zeit
der Knospen,
die Blüten werden.

20. September 2018

Gelb geworden

Gelb geworden
sind die Blätter
des Rhododendrons
vor meinem Fenster.
Sollte man ihn beseitigen?

Grau geworden
sind meine Haare
und faltig
mein Gesicht ...

15. März 2019

Weihnachten 2018

Prallgestreichelt
von meinen Blicken
wünschen mir
vor meinem Fenster
„Frohe Weihnachten"
die emporgestreckten
Knospen meines
Rhododendrons.

25. Dezember 2018

Ostergedicht

Vor meinem Fenster
der Rhododendron mit den gelben Blättern,
der schwächste von allen,
ist der erste, der seine Knospen öffnet
zu strahlendem Rot
heute am 18. April.

Spürt er, dass so viel Zeit
ihm nicht mehr bleibt?
Wem sollten wir Alten uns öffnen,
bevor es zu spät ist?

18. April 2019

Als wäre es das letzte Mal

Tage gibt es,
da gehe ich in jedes Zimmer unseres Hauses,
in dem wir nun fast fünfzig Jahre leben,
als wäre es das letzte Mal,

betrete ich jeden meiner Wege im Wald
auf dem ich nun fast fünfzig Jahre gehe,
als wäre es das letzte Mal,

blicke vor meinem Fenster ich
auf den Rhododendron, den kranken,
der immer noch blüht
und strahlend mich begrüßt,
als wäre es das letzte Mal.

27. April 2019

Alles vergeht

Alles vergeht.
Die Narbe auf der Wunde,
die vor drei Wochen
er mir riss,
als vom Tisch er rutschte
und sich festhielt
an meiner linken Hand.

Und sein Fell,
das schwarz-weiße, weiche
und seine Knochen,
bald ohne Fleisch.
Und die Erinnerung.
Auch die Erinnerung?
Auch die Erinnerung.

22. Mai 2019

Mein Ameisenhaufen

Bewundernd seine Bewohner
stehe ich
vor meinem Ameisenhaufen.

Nicht losreißen
kann ich mich
von seinem Anblick.

Ich stehe und stehe.
Auf Tannennadeln
und Ameisen.

24. Mai 2019

Geburtstag

Sie halten mir die Türen auf,
bieten mir Sitzplätze an,
wuchten meinen Koffer
hinauf in die Ablage,
helfen mir aus dem Zug.

Seit meinem letzten Geburtstag.

7. Juni 2019

An meine Bäume

So ist es gut.
Langsam,
ganz langsam
entblößt ihr euch
und bedächtig,
wenn der Herbst
darum bittet.
Manchen von euch
gelingt dabei sogar
ein Lächeln
dem, der sich
euer erfreut.
So ist es gut.

13. Juli 2019

Die Eberesche

Die Eberesche
vor unserem Haus
stirbt und stirbt,
nun schon zwei Jahre lang,
stirbt langsam und leise.
Leise?

Kann ich vielleicht ihr
Stöhnen nur nicht hören,
ihr Wimmern und Weinen,
ihr Schreien?
Wenn ich es hören könnte,
das Wimmern, Weinen und Schreien
der sterbenden Bäume rings um mich her,
wie könnte ich da weiterleben?

Noch schenkt die Eberesche
vor unserem Haus
den Amseln ihre letzten,
klein gewordenen Beeren.

12. August 2019

Ein Nachbar

Nahm doch einfach meiner Frau
den Besen aus der Hand,
fegte vor unserem Haus
das Laub unserer Bäume
zu einem großen Haufen,
hat nicht einmal vorher gefragt,
der Afghane von nebenan.

24. Oktober 2019

Ich sehe es kommen

Ich sehe es kommen,
dass eines Tages
in die Stadt ich reise,
die ich hasste, dann mochte
und seit langem liebe,
dass vom Bahnhof aus
die lange Straße ich
hinuntergehe, am Ende
nach rechts einbiege,
bald darauf nach links,
dass ich gehe und gehe
bis zu einem Platz mit Bäumen.
Vor dem Haus mit der Nummer 6
gehe ich über die Straße
zu den drei alten Platanen,
die zehn Jahre meine Kindheit
begleitet haben, streiche ihnen
über die Haut, die raue,
und gehe zurück zum Bahnhof.

2. Januar 2020
Von 1946 bis 1955
wohnte ich mit meinen
Eltern in Cottbus
Bonnaskenplatz 6

Meine Wege im Wald

Meine Wege im Wald
waren sie immer schon so lang,
dass mich die Müdigkeit überfällt?

Waren sie immer schon so steinig,
dass mir die Füße schmerzen?
Waren sie immer schon so steil,
dass mir der Atem ausgeht?

Sehnte ich mich immer schon
so schnell nach der Bank,
auf der ich Ruhe finde
und meine Zeilen schreibe?

War ich immer schon so alt,
wie ich heute bin?

6. April 2020

Ein bisschen Rot

Auf meinem Weg
ein Stückchen Rinde,
ein Stückchen Rinde
mit ein bisschen Rot.
Ein Zufall,
dass ich es finde.
Dem es gehörte,
ist lange tot.

13. April 2020

Hören und sehen

Jeden Tag werden meine Schritte kürzer.
Jeden Tag werde ich langsamer.
Jeden Tag höre und sehe ich mehr
auf meinen Wegen im Wald.

30. April 2020

Ich lege meine Hand

Ich lege meine Hand
auf seine Rinde,
wie auf die Rinde
des letzten alten Rotdornbaums
in der Bayreuther Straße,
der meine ersten Schritte sah.

Ich lege meine Hand
auf seine Rinde,
wie auf die Rinde
der drei letzten alten Platanen
auf dem Bonnaskenplatz,
die mich spielen sahen als Kind.

Ich lege meine Hand
auf seine Rinde,
die Rinde des sterbenden Kirschbaums
auf einer Wiese
vor unserem Dorf,
solange er meine Hand noch fühlen kann.

Ich lege meine Hand
auf seine Rinde.

16. Juni 2020

Eine Fliege

Ich sehe ihre Beine.
Ich sehe ihre Flügel.
Ich sehe sie ihre Flügel putzen.
Meine Hand sinkt.

5. Juli 2020

Unsere Kinder

Unsere Kinder,
unsere Enkel,
sie wachsen,
und wachsen
jeden Tag
immer ein
bisschen mehr
von uns weg.

10. Juli 2020

Der Kirschbaum

Nur wenige Minuten entfernt
von unserem Dorf ein Süßkirschbaum.
An gebogenen Zweigen
kiloweise tiefrote Früchte.
Keiner kommt, der sie sieht,
keiner kommt, der sie pflückt.

Ich denke an die Frau
in der S-Bahn.
In der Hand die Spende
für den Verkäufer der Obdachlosenzeitung.
Er sieht nicht ihre Hand,
er sieht nicht ihr Gesicht.

22. Juli 2020

Mein Wald
am 15. August 2020

Die Buchen weinen braune Blätter,
zusammengerollt wie selbstgedrehte
Zigaretten.

Und immer eingeengter meine Wege
zwischen wachsenden Wänden
aus Stämmen geschlagener Fichten.
Leer wird mein Wald.

Bloßgelegt und ausgesetzt
den beißenden Strahlen der Sonne
die Hügel meiner Ameisen.

15. August 2020

Ich lausche

So spricht sie nicht
mit den Blumen.
So spricht sie nicht
mit dem Schmetterling.

So spricht sie nur
mit der Katze der Nachbarin,
wenn diese uns mit großem Appetit
hoffnungsvoll besucht.

Mucksmäuschenstill lausche ich
dem Klang ihrer Stimme.

August 2020

Gedanken im
ehemaligen Hobbyraum

Es sind so viele.
Manche kratzen schon an der Decke,
neigen sich zur Seite, drohen umzufallen.
So groß sind sie, so schwer.
Und nicht mal eine einzige Blüte.
Nur Zweige und Blätter,
kleine und große, grün, gesund
und am Leben. Wurden mit Sorgfalt
am Leben gehalten, jahrzehntelang.

Wenn ich bei ihnen bin, glaube ich,
sie lächeln dankbar mich an, dankbar,
dass sie noch immer bleiben dürfen,
hier weiterwachsen dürfen,
in die Höhe und in die Breite, pausenlos.
Wer, frage ich mich, wer wird sich mal
ihrer annehmen? Sorgsam und mitfühlend,
die Mühe nicht scheuend? Wer, frage ich mich,
wird mal dazu bereit sein,
wenn sie nicht mehr da ist?

21. Januar 2021

Das Apfelbäumchen

Rechts von meinem Weg
ein schmales Apfelbäumchen.
Stolz zeigt es mir
an seinen zarten Zweigen
die Last der nicht geernteten Früchte
aus dem vorigen Jahr.
Ein Apfel neben dem anderen.

Keine Spur von Traurigkeit
zeigt das Bäumchen.
Das wundert mich.
Und gleichzeitig
freue ich mich mit ihm.

6. Februar 2021

Schläge

Der Weg, auf dem ich heute ging,
schon lange wollte ich ihn wieder gehen.

Es ist der Weg,
an dem vier Fichten standen,
rot für den Tod gezeichnet
und dann geschlagen.
Bevor ich mich von ihnen
verabschieden konnte,
waren sie fortgeschleift.
Ich folgte den Schleifspuren,
aber fand sie nicht mehr.

Es ist der Weg,
an dem auch eine alte Fichte stand.
Die schlug sich selbst,
bevor es andere taten.

Es ist der Weg
zur moosbewachsenen Bank,
auf der ich mir Notizen mache
auch über diesen Weg,
der hinführt zum Haus von Tanja,
die unsere Nachbarin war
und hier vom Vater ihres Kindes
erschlagen wurde.

24. Februar 2021

Himmelfahrtstag 2021

Es grüßen mich die Blüten
des Rhododendrons
vor meinem Fenster.

Es grüßen mich zwischen
den Blütenblättern
die emsigen Hummeln.

Hummeln, so groß wie
Katzen und streichelbar,
das könnte mir gefallen.

13. Mai 2021

Novemberwege

Spätnachmittagswege
neben Feldern im Grün,
Wege im Licht
der untergehenden Sonne.
Wege mir nah
wie die Zimmer
im Haus, in dem wir
seit 50 Jahren wohnen.
Nachhausewege.

Licht brennt in den Zimmern,
Licht, weil es jemanden gibt,
der es angemacht hat,
den ich sehen werde,
wenn ich die Haustür öffne,
den ich sehen werde in der Nacht
und am Morgen.
Den ich sehen werde lange noch,
so Gott will.

10. November 2021

Der Weg

„Geh weiter auf mir!"
rief hinter mir her der Weg,
den ich Jahrzehnte ging,
der mir der liebste ist von allen.

„Geh weiter auf mir!
Was kann ich dafür,
dass links und rechts von mir
der Wald im Sterben noch misshandelt wurde,
stöhnt und schreit?

Geh weiter auf mir!
Auch wenn ich nun zerfurcht, zermatscht, zermalmt
von den Maschinen bin.

Geh weiter auf mir!
Und denke an die Frau, die deine,
mit der du auf mir gingst,
an deine Kinder, an deine beiden Hunde.

Geh weiter auf mir!
Ich bin es doch noch immer,
bin dein Weg.
Vergiss mich nicht!
Geh weiter auf mir!"

30. Dezember 2021

Schlafzimmer

Ohne anzuklopfen,
trete ich in ihre Schlafzimmer.
Ohne Gute Nacht zu wünschen,
verlasse ich sie.

Angenehm, dass
Schlafenwollende nicht betteln.
Unbelästigt erreiche ich mein Hotel
in der Bleibtreustraße.

Bleibtreustraße Berlin
14. November 2021

Gesichter

Ich mag sie nicht mehr sehen,
die Gesichter der Sieger,
warte beim Sportfernsehen
auf die Gesichter der Verlierer,
kann sie nicht mehr sehen,
die wutverzerrten Visagen
der Sieger.

5. Januar 2022

Der Sterbende

Im Sterben begann er zu duften
wie kein anderer vor ihm.
Seine Eltern mussten getötet werden,
weil sie den Fernsehempfang
unseres Nachbarn störten.

Ihr Kind lebte weiter,
bis wir es aus dem Garten
in unser Wohnzimmer holten,
es schmückten und seine Zweige
beschwerten mit Kerzen weiß und rot.
Starb es da noch oder war es schon tot?

Am Abend des Dreikönigstages
befreiten wir es von Schmuck und Kerzen.
Seine Zweige hoben sich ein wenig.
Hoffnungsvoll?

6. Januar 2022

Sterbenszeit

Die Sonne scheint
und sieht mich wandern
von einem toten Apfelbaum
zum andern.

Es sind der toten Apfelbäume vier.
Als sie noch lebten,
war ich auch schon hier.

12. Mai 2022

Vorfreude

Gestern war es eine.
Heute schon waren es zwei,
und morgen werden es drei sein,
mindestens drei.
Drei rote Kirschen,
am Rand meines Weges,
morgen, am 19. Juni 2022.

Vielleicht erst gegen 21 Uhr,
denn die Tage sind heiß.

18. Juni 2022

Unerbittlich

Besuch.
Söhne und ihre Familien.
Enkelkinder!
Wände wackeln.

Dann reisen eines Morgens
alle wieder ab.
Lärm und Lebendigkeit
entweichen aus dem Haus
wie die Luft aus einem Ballon.

Bald schon fällt er
in sich zusammen.
Langsam.
Unerbittlich.

9. Juli 2022

Neue Freunde

Alt mussten wir werden,
85 und 78,
bis wir nicht mehr
in der Luft herumfuchteln,
um uns ihrer zu erwehren,
nicht mehr vor ihnen
von der Terrasse
ins Wohnzimmer fliehen,
bis wir ein Tellerchen holen
mit ein wenig Schinken
oder einem Stückchen Fleisch
vom gebratenen Hühnerbein,
bis wir staunend sie bewundern
für ihre Geschicklichkeit und Kraft,
daraus immer wieder Brocken,
fast halb so groß wie sie selbst,
herauszubrechen und wegzuschleppen
in eiligem Flug zu denen,
die mit knurrenden Mägen
auf sie warten.

Eine besucht uns besonders treu,
etwas kleiner als die anderen,
aber die Tatkräftigste von allen.
Wir nennen sie „unsere Wespe".

28. Juli 2022

Hans-Dieter Grabe

Geboren 1937 in Dresden. Nach der Zerstörung Dresdens und seines dortigen Elternhauses 1945 durch Bomben Umzug nach Cottbus. Dort Schulbesuch bis 1955. Anschließend Studium an der Deutschen Hochschule für Filmkunst in Potsdam-Babelsberg. Ende November 1959 Verlassen der DDR. Drei Jahre freie Mitarbeit beim Fernsehen des Bayerischen Rundfunks, kurze Filme für Aktualität und Regionalprogramm. Ab November 1962 beim ZDF festangestellter Autor und Regisseur zeitkritischer und gesellschaftspolitischer Dokumentarfilme. Im Mittelpunkt zumeist das Schicksal von Einzelpersonen. Eigene Dokumentarfilmreihe „Lebenserfahrungen". Auszeichnungen u.a. dreimal Adolf-Grimme-Preis, Friedensfilmpreis der Berlinale, Deutscher Fernsehpreis „Goldener Löwe", ARTE-Dokumentarfilmpreis, Bundesverdienstkreuz für das Gesamtwerk. Mitglied der Akademie der Künste, Ehrenmitglied der Filmakademie.

Zu den Menschen in Grabes Filmen sind in seinen hier zum ersten Mal veröffentlichten „Notizen und Gedichten" noch weitere Protagonisten gekommen: Tiere, Bäume und Blumen. Ihnen gehört nun ebenfalls Grabes Aufmerksamkeit und Anteilnahme.

Filme von Grabe sind in zwei DVD-Editionen von Absolut Medien erschienen: „Lebenserfahrungen, Hans-Dieter Grabe – Dokumentarist im Fernsehen, 13 Filme" und „Lebenserfahrungen – 9 Filme von Hans-Dieter Grabe". Im Gardez Verlag erschien 2006 das Buch „Ich muss nicht Angst vor Bomben haben – Der Dokumentarfilmer Hans-Dieter Grabe" von Bodo Witzke.